Eleanor
Roosevelt

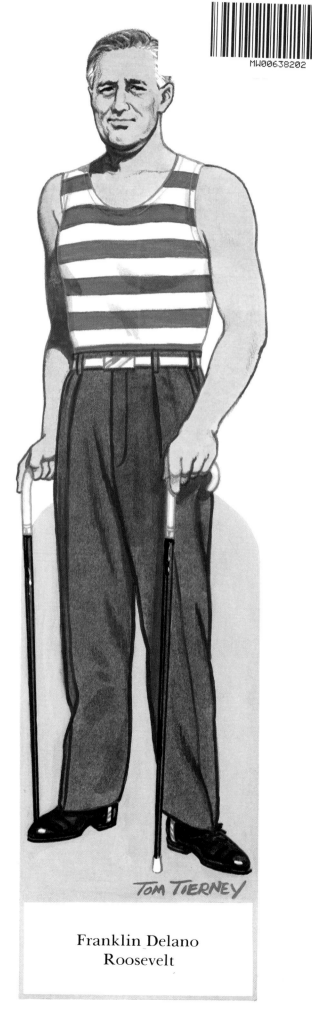

Franklin Delano
Roosevelt

PLATE 1

PLATE 2

James   Elliott   John   Franklin, Jr.

Sara   Anna (Halsted)

PLATE 3

PLATE 4

E

SI

B

F

Tom Tierney

Sistie

Buzzie

Plate 5

E

E

PLATE 6

E

E

PLATE 7

E

F

Eleanor
Roosevelt

Franklin Delano
Roosevelt

PLATE 8

E

F

PLATE 9

PLATE 10

E

E

Tom Tierney

Queen Elizabeth

King George VI

PLATE 11

E

F

Fala

Plate 12

E

Eleanor
Roosevelt

Franklin Delano
Roosevelt

PLATE 13

E

E

PLATE 14

E

E

F

F

PLATE 15